論語卷之下

先進第十一　凡二十五章

子曰先進於禮樂野人也後進於禮樂君子也如用之則吾從先進○子曰從我於陳蔡者皆不及門也從去聲

德行顏淵閔子騫冉伯牛仲弓言語宰我子貢政事冉有季路文學子游子夏○子曰回也非助我者也於吾

言無所不說音悅○子曰孝哉閔子騫人不間於其父母昆弟之言間去聲○南容三復白圭孔子以其兄之子妻之○季康子問弟子孰爲好學孔子對曰有顏回者好學不幸短命死矣今也則亡○顏淵死顏路請子之車以爲之椁子曰才不才亦各言其子也鯉也死有棺而無椁吾不徒行以

爲之椁以吾從大夫之後不可徒行也○顔淵死子曰噫天喪予天喪予○顔淵死子哭之慟從者曰子慟矣曰有慟乎非夫人之爲慟而誰爲夫音扶爲去聲○顔淵死門人欲厚葬之子曰不可門人厚葬之子曰回也視予猶父也予不得視猶子也非我也夫二三子也○季路問事鬼神子曰未能

事人焉能事鬼敢問死曰未知生焉知死○閔子侍側誾誾如也子路行行如也冉有子貢侃侃如也子樂若由也不得其死然○魯人爲長府閔子騫曰仍舊貫如之何何必改作子曰夫人不言言必有中夫音扶○子曰由之瑟奚爲於丘之門門人不敬子路子曰由也升堂矣未入於室也○

子貢問師與商也孰賢子曰師也過
商也不及曰然則師愈與子曰過猶
不及○季氏富於周公而求也爲之
聚歛而附益之子曰非吾徒也小子
鳴鼓而攻之可也○柴也愚參也魯
師也辟婢亦切由也喭五旦切○子曰回
也其庶乎屢空賜不受命而貨殖焉
億則屢中去聲○子張問善人之道子
曰不踐迹亦不入於室○子曰論篤
是與君子者乎色莊者乎○子路問
聞斯行諸子曰有父兄在如之何其
聞斯行之冉有問聞斯行諸子曰聞
斯行之公西華曰由也問聞斯行諸
子曰有父兄在求也問聞斯行諸子
曰聞斯行之赤也惑敢問子曰求也
退故進之由也兼人故退之○子畏

於匡顔淵後子曰吾以女爲死矣曰子在回何敢死○季子然問仲由冉求可謂大臣與子曰吾以子爲異之問曾由與求之問所謂大臣者以道事君不可則止今由與求也可謂具臣矣曰然則從之者與子曰弑父與君亦不從也○子路使子羔爲費宰子曰賊夫人之子子路曰有民人焉有社稷焉何必讀書然後爲學子曰是故惡夫佞者惡去聲○子路曾晳冉有公西華侍坐子曰以吾一日長乎爾毋吾以也居則曰不吾知也如或知爾則何以哉子路率爾而對曰千乘之國攝乎大國之間加之以師旅因之以饑饉由也爲之比及三年可使有勇且知方也夫子哂之求爾何

如對曰方六七十如五六十求也爲之比及三年可使足民如其禮樂以俟君子赤爾何如對曰非曰能之願學焉宗廟之事如會同端章甫願爲小相焉點爾何如鼓瑟希鏗爾舍瑟而作對曰異乎三子者之撰子曰何傷乎亦各言其志也曰莫春者春服既成冠者五六人童子六七人浴乎沂風乎舞雩詠而歸夫子喟然歎曰吾與點也（鏗苦耕切　莫冠去聲）三子者出曾皙後曾皙曰夫三子者之言何如子曰亦各言其志也已矣曰夫子何哂由也曰爲國以禮其言不讓是故哂之唯求則非邦也與安見方六七十如五六十而非邦也者唯赤則非邦也與宗廟會同非諸侯而何赤也爲之

小孰能爲之大

顔淵第十二　凡二十四章

顔淵問仁子曰克己復禮爲仁一日克己復禮天下歸仁焉爲仁由己而由人乎哉顔淵曰請問其目子曰非禮勿視非禮勿聽非禮勿言非禮勿動顔淵曰回雖不敏請事斯語矣○仲弓問仁子曰出門如見大賓使民

如承大祭己所不欲勿施於人在邦無怨在家無怨仲弓曰雍雖不敏請事斯語矣○司馬牛問仁子曰仁者其言也訒（音刃）曰其言也訒斯謂之仁矣乎子曰爲之難言之得無訒乎○司馬牛問君子子曰君子不憂不懼曰不憂不懼斯謂之君子矣乎子曰內省不疚夫何憂何懼○司馬牛憂

曰人皆有兄弟我獨亡子夏曰商聞之矣死生有命富貴在天君子敬而無失與人恭而有禮四海之内皆兄弟也君子何患乎無兄弟也○子張問明子曰浸潤之譖膚受之愬不行焉可謂明也已矣浸潤之譖膚受之愬不行焉可謂遠也已矣譖莊蔭切愬蘇路切○子貢問政子曰足食足兵民信之

矣子貢曰必不得已而去於斯三者何先曰去兵去上聲子貢曰必不得已而去於斯二者何先曰去食自古皆有死民無信不立○棘子成曰君子質而已矣何以文爲子貢曰惜乎夫子之説君子也駟不及舌文猶質也質猶文也虎豹之鞟猶犬羊之鞟其郭切○哀公問於有若曰年饑用不足

如之何有若對曰盍徹乎曰二吾猶
不足如之何其徹也對曰百姓足君
孰與不足百姓不足君孰與足○子
張問崇德辨惑子曰主忠信徙義崇
德也愛之欲其生惡之欲其死旣欲
其生又欲其死是惑也(惡去聲)誠不以
富亦祗以異○齊景公問政於孔子
孔子對曰君君臣臣父父子子公曰

善哉信如君不君臣不臣父不父子
不子雖有粟吾得而食諸○子曰片
言可以折獄者其由也與子路無宿
諾○子曰聽訟吾猶人也必也使無
訟乎○子張問政子曰居之無倦行
之以忠○子曰博學於文約之以禮
亦可以弗畔矣夫○子曰君子成人
之美不成人之惡小人反是○季康

子問政於孔子孔子對曰政者正也
子帥以正孰敢不正○季康子患盜
問於孔子孔子對曰苟子之不欲雖
賞之不竊○季康子問政於孔子曰
如殺無道以就有道何如孔子對曰
子爲政焉用殺子欲善而民善矣君
子之德風小人之德草草上之風必
偃○子張問士何如斯可謂之達矣

子曰何哉爾所謂達者子張對曰在
邦必聞在家必聞子曰是聞也非達
也夫達也者質直而好義察言而觀
色慮以下人在邦必達在家必達夫
聞也者色取仁而行違居之不疑在
邦必聞在家必聞○樊遲從遊於舞
雩之下曰敢問崇德脩慝辨惑慝吐得切
子曰善哉問先事後得非崇德與攻

其惡無攻人之惡非脩慝與一朝之忿忘其身以及其親非惑與（與平聲）○樊遲問仁子曰愛人問知子曰知人樊遲未達子曰舉直錯諸枉能使枉者直樊遲退見子夏曰鄉也吾見於夫子而問知子曰舉直錯諸枉能使枉者直何謂也子夏曰富哉言乎舜有天下選於衆舉皐陶不仁者遠矣

湯有天下選於衆舉伊尹不仁者遠矣（選息戀切陶音遙遠如字）○子貢問友子曰忠告而善道之不可則止無自辱焉（告工毒切道去聲）○曾子曰君子以文會友以友輔仁

子路第十三　凡三十章

子路問政子曰先之勞之請益曰無（音毋）倦○仲弓爲季氏宰問政子曰先

有司赦小過舉賢才曰焉知賢才而舉之曰舉爾所知爾所不知人其舍諸○子路曰衛君待子而爲政子將奚先子曰必也正名乎子路曰有是哉子之迂也奚其正子曰野哉由也君子於其所不知蓋闕如也名不正則言不順言不順則事不成事不成則禮樂不興禮樂不興則刑罰不中

刑罰不中則民無所措手足故君子名之必可言也言之必可行也君子於其言無所苟而已矣○樊遲請學稼子曰吾不如老農請學爲圃曰吾不如老圃樊遲出子曰小人哉樊須也上好禮則民莫敢不敬上好義則民莫敢不服上好信則民莫敢不用情夫如是則四方之民襁負其子而

至矣焉用稼夫音扶襁居丈切○子曰誦詩三百授之以政不達使於四方不能專對雖多亦奚以爲○子曰其身正不令而行其身不正雖令不從○子曰魯衛之政兄弟也○子謂衛公子荆善居室始有曰苟合矣少有曰苟完矣富有曰苟美矣○子適衛冉有僕子曰庶矣哉冉有曰既庶矣又何

加焉曰富之曰既富矣又何加焉曰教之○子曰苟有用我者朞月而已可也三年有成○子曰善人爲邦百年亦可以勝殘去殺矣誠哉是言也○子曰如有王者必世而後仁○子曰苟正其身矣於從政乎何有不能正其身如正人何○冉子退朝子曰何晏也對曰有政子曰其事也如有

政雖不吾以吾其與聞之○定公問一言而可以興邦有諸孔子對曰言不可以若是其幾也人之言曰爲君難爲臣不易如知爲君之難也不幾乎一言而興邦乎曰一言而喪邦有諸孔子對曰言不可以若是其幾也人之言曰予無樂乎爲君唯其言而莫予違也（樂洛）如其善而莫之違也不亦善乎如不善而莫之違也不幾乎一言而喪邦乎○葉公問政子曰近者說遠者來（說悅）○子夏爲莒父宰問政子曰無欲速無見小利欲速則不達見小利則大事不成（父甫）○葉公語孔子曰吾黨有直躬者其父攘羊而子證之孔子曰吾黨之直者異於是父爲子隱子爲父隱直在其中矣○

樊遲問仁。子曰。居處恭。執事敬。與人
忠。雖之夷狄。不可棄也。○子貢問曰。
何如斯可謂之士矣。子曰。行己有恥。
使於四方。不辱君命。可謂士矣。曰。敢
問其次。曰。宗族稱孝焉。鄉黨稱弟焉。
曰。敢問其次。曰。言必信。行必果。硜硜
然小人哉。抑亦可以爲次矣。硜苦耕切曰。
今之從政者何如。子曰。噫。斗筲之人。

何足算也。筲所交切 算筭○子曰。不得中行
而與之。必也狂狷乎。狂者進取。狷者
有所不爲也。狷絹○子曰。南人有言曰。
人而無恒。不可以作巫醫。善夫。恒胡登切
不恒其德。或承之羞。子曰。不占而已
矣。○子曰。君子和而不同。小人同而
不和。○子貢問曰。鄉人皆好之何如。子
曰。未可也。鄉人皆惡之何如。子曰。

未可也不如鄉人之善者好之其不善者惡之○子曰君子易事而難說也說之不以道不說也及其使人也器之小人難事而易說也說之雖不以道說也及其使人也求備焉說悅○子曰君子泰而不驕小人驕而不泰○子曰剛毅木訥近仁○子路問曰何如斯可謂之士矣子曰切切偲偲怡怡如也可謂士矣朋友切切偲偲兄弟怡怡○子曰善人教民七年亦可以即戎矣○子曰以不教民戰是謂棄之

憲問第十四 凡四十七章

憲問恥子曰邦有道穀邦無道穀恥也○克伐怨欲不行焉可以爲仁矣子曰可以爲難矣仁則吾不知也○

子曰士而懷居不足以爲士矣○子曰邦有道危言危行邦無道危行言孫○子曰有德者必有言有言者不必有德仁者必有勇勇者不必有仁○南宮适問於孔子曰羿善射奡盪舟俱不得其死然禹稷躬稼而有天下夫子不答南宮适出子曰君子哉若人尚德哉若人○子曰君子而不

仁者有矣夫未有小人而仁者也○子曰愛之能勿勞乎忠焉能勿誨乎○子曰爲命裨諶草創之世叔討論之行人子羽脩飾之東里子產潤色之（裨婢之切　諶時林切）○或問子產子曰惠人也問子西曰彼哉彼哉問管仲曰人也奪伯氏駢邑三百飯疏食沒齒無怨言○子曰貧而無怨難富而無驕

易去聲○子曰孟公綽為趙魏老則優不可以為滕薛大夫○子路問成人子曰若臧武仲之知公綽之不欲卞莊子之勇冉求之藝文之以禮樂亦可以為成人矣知去聲曰今之成人者何必然見利思義見危授命久要不忘平生之言亦可以為成人矣○子問公叔文子於公明賈曰信乎夫子不言不笑不取乎公明賈對曰以告者過也夫子時然後言人不厭其言樂然後笑人不厭其笑義然後取人不厭其取子曰其然豈其然乎○子曰臧武仲以防求為後於魯雖曰不要君吾不信也要平聲○子曰晉文公譎而不正齊桓公正而不譎古穴切○子路曰桓公殺公子糾召忽死之管

仲不死曰未仁乎糾居黝切召音邵子曰桓
公九合諸侯不以兵車管仲之力也
如其仁如其仁○子貢曰管仲非仁
者與桓公殺公子糾不能死又相之
子曰管仲相桓公霸諸侯一匡天下
民到于今受其賜微管仲吾其被髮
左衽矣被皮寄切衽而審切豈若匹夫匹婦之
爲諒也自經於溝瀆而莫之知也○

公叔文子之臣大夫僎與文子同升
諸公僎士免切子聞之曰可以爲文矣○
子言衛靈公之無道也康子曰夫如
是奚而不喪夫音扶喪去聲孔子曰仲叔圉
治賓客祝鮀治宗廟王孫賈治軍旅
夫如是奚其喪○子曰其言之不怍
則爲之也難○陳成子弑簡公孔子
沐浴而朝告於哀公曰陳恒弑其君

請討之朝潮音公曰告夫三子孔子曰
以吾從大夫之後不敢不告也君曰
告夫三子者之三子告不可孔子曰
以吾從大夫之後不敢不告也○子
路問事君子曰勿欺也而犯之○子
曰君子上達小人下達○子曰古之
學者爲己今之學者爲人○蘧伯玉
使人於孔子孔子與之坐而問焉曰

夫子何爲對曰夫子欲寡其過而未
能也使者出子曰使乎使乎○子曰
不在其位不謀其政○曾子曰君子
思不出其位○子曰君子恥其言而
過其行○子曰君子道者三我無能
焉仁者不憂知者不惑勇者不懼子
貢曰夫子自道也○子貢方人子曰
賜也賢乎哉夫我則不暇夫扶音○子

曰不患人之不已知患其不能也○子曰不逆詐不億不信抑亦先覺者是賢乎○微生畝謂孔子曰丘何爲是栖栖者與無乃爲佞乎孔子曰非敢爲佞也疾固也○子曰驥不稱其力稱其德也○或曰以德報怨何如子曰何以報德以直報怨以德報德○子曰莫我知也夫子貢曰何爲其莫知子也子曰不怨天不尤人下學而上達知我者其天乎○公伯寮愬子路於季孫子服景伯以告曰夫子固有惑志於公伯寮吾力猶能肆諸市朝（音潮）子曰道之將行也與命也道之將廢也與命也公伯寮其如命何○子曰賢者辟世其次辟地其次辟色其次辟言○子曰作者七人矣○

子路宿於石門晨門曰奚自子路曰
自孔氏曰是知其不可而爲之者與
○子擊磬於衛有荷蕢而過孔氏之
門者曰有心哉擊磬乎既而曰鄙哉
硜硜乎莫已（音紀）知也斯已而已矣深
則厲淺則揭（硜苦耕切 揭起例切）子曰果哉末
之難矣○子張曰書云高宗諒陰三
年不言何謂也子曰何必高宗古之

人皆然君薨百官總已以聽於冢宰
三年○子曰上好禮則民易使也○
子路問君子子曰脩已以敬曰如斯
而已乎曰脩已以安人曰如斯而已
乎曰脩已以安百姓脩已以安百姓
堯舜其猶病諸○原壤夷俟子曰幼
而不孫弟長而無述焉老而不死是
爲賊以杖叩（音口）其脛（其定切）○闕黨童

子將命或問之曰益者與子曰吾見其居於位也見其與先生並行也非求益者也欲速成者也

衛靈公第十五 凡四十一章

衛靈公問陳於孔子孔子對曰俎豆之事則嘗聞之矣軍旅之事未之學也明日遂行（陳去聲）在陳絕糧從者病莫能興（從去聲）子路慍見曰君子亦有窮乎子曰君子固窮小人窮斯濫矣○子曰賜也女以予為多學而識之者與（女音汝 識音志）對曰然非與曰非也予一以貫之○子曰由知德者鮮矣○子曰無為而治者其舜也與夫何為哉恭己正南面而已矣○子張問行子曰言忠信行篤敬雖蠻貊之邦行矣言不忠信行不篤敬雖州里行乎

哉立則見其參於前也在輿則見其
倚於衡也夫然後行(參七南切)子張書諸
紳○子曰直哉史魚邦有道如矢邦
無道如矢君子哉蘧伯玉邦有道則
仕邦無道則可卷而懷之○子曰可
與言而不與之言失人不可與言而
與之言失言知者不失人亦不失言
○子曰志士仁人無求生以害仁有
殺身以成仁○子貢問爲仁子曰工
欲善其事必先利其器居是邦也事
其大夫之賢者友其士之仁者○顔
淵問爲邦子曰行夏之時乘殷之輅
(音路)服周之冕樂則韶舞放鄭聲遠佞
人鄭聲淫佞人殆○子曰人無遠慮
必有近憂○子曰已矣乎吾未見好
德如好色者也○子曰臧文仲其竊

位者與知柳下惠之賢而不與立也○子曰躬自厚而薄責於人則遠怨矣○子曰不曰如之何如之何者吾末如之何也已矣○子曰羣居終日言不及義好行小慧難矣哉○子曰君子義以為質禮以行之孫以出之信以成之君子哉○子曰君子病無能焉不病人之不已知也○子曰君

子疾沒世而名不稱焉○子曰君子求諸己小人求諸人○子曰君子矜而不爭群而不黨○子曰君子不以言舉人不以人廢言○子貢問曰有一言而可以終身行之者乎子曰其恕乎己所不欲勿施於人○子曰吾之於人也誰毀誰譽如有所譽者其有所試矣（譽平聲）斯民也三代之所以

直道而行也○子曰吾猶及史之闕
文也有馬者借人乘之今亡已夫○
子曰巧言亂德小不忍則亂大謀○
子曰衆惡之必察焉衆好之必察焉
○子曰人能弘道非道弘人○子曰
過而不改是謂過矣○子曰吾嘗終
日不食終夜不寢以思無益不如學
也○子曰君子謀道不謀食耕也餒

如罪切在其中矣學也祿在其中矣君
子憂道不憂貧○子曰知及之仁不
能守之雖得之必失之知及之仁能
守之不莊以涖之則民不敬知及之
仁能守之莊以涖之動之不以禮未
善也○子曰君子不可小知而可大
受也小人不可大受而可小知也○
子曰民之於仁也甚於水火水火吾

見蹈而死者矣未見蹈仁而死者也○子曰當仁不讓於師○子曰君子貞而不諒○子曰事君敬其事而後其食○子曰有教無類○子曰道不同不相爲謀○子曰辭達而已矣○師冕見及階子曰階也及席子曰席也皆坐子告之曰某在斯某在斯師冕出子張問曰與師言之道與子曰

然固相師之道也相去聲

季氏第十六 凡十四章

季氏將伐顓臾音專音俞冉有季路見於孔子曰季氏將有事於顓臾孔子曰求無乃爾是過與夫顓臾昔者先王以爲東蒙主且在邦域之中矣是社稷之臣也何以伐爲冉有曰夫子欲之吾二臣者皆不欲也孔子曰求周

任有言曰陳力就列不能者止危而不持顛而不扶則將焉用彼相矣且爾言過矣虎兕出於柙龜玉毀於櫝中是誰之過與兕徐履切柙戶甲切櫝音獨與平聲

有曰今夫顓臾固而近於費今不取後世必爲子孫憂孔子曰求君子疾夫舍曰欲之而必爲之辭丘也聞有國有家者不患寡而患不均不患貧

而患不安蓋均無貧和無寡安無傾夫如是故遠人不服則修文德以来之既来之則安之今由與求也相夫子遠人不服而不能来也邦分崩離析而不能守也而謀動干戈於邦內吾恐季孫之憂不在顓臾而在蕭牆之內也

○孔子曰天下有道則禮樂征伐自天子出天下無道則禮樂征

伐自諸侯出自諸侯出蓋十世希不失矣自大夫出五世希不失矣陪臣執國命三世希不失矣天下有道則政不在大夫天下有道則庶人不議

○孔子曰祿之去公室五世矣政逮於大夫四世矣故夫三桓之子孫微矣

○孔子曰益者三友損者三友友直友諒友多聞益矣友便辟友善柔友便佞損矣（辟婢亦切）

○孔子曰益者三樂損者三樂樂節禮樂樂道人之善樂多賢友益矣樂驕樂樂佚遊樂宴樂損矣（樂五教切禮樂之樂音岳驕樂宴樂之樂音洛）

○孔子曰侍於君子有三愆言未及之而言謂之躁言及之而不言謂之隱未見顏色而言謂之瞽

○孔子曰君子有三戒少之時血氣未定戒之在色

及其壯也血氣方剛戒之在鬭及其
老也血氣既衰戒之在得○孔子曰
君子有三畏畏天命畏大人畏聖人
之言小人不知天命而不畏也狎大
人侮聖人之言○孔子曰生而知之
者上也學而知之者次也困而學之
又其次也困而不學民斯為下矣○
孔子曰君子有九思視思明聽思聰

色思温貌思恭言思忠事思敬疑思
問忿思難見得思義○孔子曰見善
如不及見不善如探湯吾見其人矣
吾聞其語矣（探吐南切）隱居以求其志行
義以達其道吾聞其語矣未見其人
也○齊景公有馬千駟（四）死之日民無
德而稱焉伯夷叔齊餓于首陽之下
民到于今稱之其斯之謂與○陳亢

問於伯魚曰子亦有異聞乎亢音剛對
曰未也嘗獨立鯉趨而過庭曰學詩
乎對曰未也不學詩無以言鯉退而
學詩他日又獨立鯉趨而過庭曰學
禮乎對曰未也不學禮無以立鯉退
而學禮聞斯二者陳亢退而喜曰問
一得三聞詩聞禮又聞君子之遠其
子也○邦君之妻君稱之曰夫人夫

人自稱曰小童邦人稱之曰君夫人
稱諸異邦曰寡小君異邦人稱之亦
曰君夫人

陽貨第十七 凡二十六章

陽貨欲見孔子孔子不見歸孔子豚
孔子時其亡也而往拜之遇諸塗謂
孔子曰來予與爾言曰懷其寶而迷
其邦可謂仁乎曰不可好從事而亟

失時可謂知乎曰不可日月逝矣歲
不我與孔子曰諾吾將仕矣○子曰
性相近也習相遠也○子曰惟上知
與下愚不移○子之武城聞絃歌之
聲夫子莞爾而笑曰割雞焉用牛刀
莞華版切子游對曰昔者偃也聞諸夫子
曰君子學道則愛人小人學道則易
使也子曰二三子偃之言是也前言
戲之耳○公山弗擾以費畔召子欲
往子路不說音悅曰末之也已何必公
山氏之之也子曰夫召我者而豈徒
哉如有用我者吾其爲東周乎○子
張問仁於孔子孔子曰能行五者於
天下爲仁矣請問之曰恭寬信敏惠
恭則不侮寬則得衆信則人任焉敏
則有功惠則足以使人○佛肸召子

欲往〔佛音弼肸許密切〕子路曰昔者由也聞諸夫子曰親於其身爲不善者君子不入也佛肸以中牟畔子之往也如之何子曰然有是言也不曰堅乎磨而不磷不曰白乎涅而不緇〔磷力刃切涅乃結切〕吾豈匏瓜也哉焉能繫而不食○子曰由也女聞六言六蔽矣乎對曰未也居吾語女好仁不好學其蔽也

愚好知不好學其蔽也蕩好信不好學其蔽也賊好直不好學其蔽也絞好勇不好學其蔽也亂好剛不好學其蔽也狂○子曰小子何莫學夫詩詩可以興可以觀可以羣可以怨邇之事父遠之事君多識於鳥獸草木之名○子謂伯魚曰女爲周南召南矣乎人而不爲周南召南其猶正牆

面而立也與○子曰禮云禮云玉帛云乎哉樂云樂云鐘鼓云乎哉○子曰色厲而內荏譬諸小人其猶穿窬之盜也與荏而審切○子曰鄉原德之賊也○子曰道聽而塗說德之棄也○子曰鄙夫可與事君也與哉其未得之也患得之既得之患失之苟患失之無所不至矣○子曰古者民有三疾今也或是之亡也古之狂也肆今之狂也蕩古之矜也廉今之矜也忿戾古之愚也直今之愚也詐而已矣○子曰巧言令色鮮矣仁○子曰惡紫之奪朱也惡鄭聲之亂雅樂也惡利口之覆邦家者覆芳服切○子曰予欲無言子貢曰子如不言則小子何述焉子曰天何言哉四時行焉百物生

焉天何言哉○孺悲欲見孔子孔子辭以疾將命者出戶取瑟而歌使之聞之○宰我問三年之喪期音基已久矣君子三年不爲禮禮必壞三年不爲樂樂必崩舊穀既沒新穀既升鑽燧改火期可已矣鑽祖官切子曰食夫稻衣夫錦於女安乎曰安女安則爲之夫君子之居喪食旨不甘聞樂不樂

居處不安故不爲也今女安則爲之宰我出子曰予之不仁也子生三年然後免於父母之懷夫三年之喪天下之通喪也予也有三年之愛於其父母乎○子曰飽食終日無所用心難矣哉不有博弈者乎爲之猶賢乎已○子路曰君子尚勇乎子曰君子義以爲上君子有勇而無義爲亂小

人有勇而無義爲盜○子貢曰君子
亦有惡乎子曰有惡惡稱人之惡者
惡居下流而訕上者惡勇而無禮者
惡果敢而窒者訕所諫切曰賜也亦有
惡乎惡徼以爲知者惡不孫以爲勇
者惡訐以爲直者徼古堯切訐居謁切○子曰
唯女子與小人爲難養也近之則不
孫遠之則怨○子曰年四十而見惡

焉其終也已

微子第十八 凡十一章

微子去之箕子爲之奴比干諫而死
孔子曰殷有三仁焉○柳下惠爲士
師三黜人曰子未可以去乎曰直道
而事人焉往而不三黜枉道而事人
何必去父母之邦○齊景公待孔子
曰若季氏則吾不能以季孟之閒待

之曰吾老矣不能用也孔子行○齊人歸女樂季桓子受之三日不朝孔子行（歸如字 或作饋）○楚狂接輿歌而過孔子曰鳳兮鳳兮何德之衰往者不可諫来者猶可追已而已而今之從政者殆而孔子下欲與之言趨而辟之不得與之言○長沮桀溺耦而耕孔子過之使子路問津焉（沮七余切 溺乃歷切）長

沮曰夫執輿者為誰子路曰為孔丘曰是魯孔丘與曰是也曰是知津矣問於桀溺桀溺曰子為誰曰為仲由曰是魯孔丘之徒與對曰然曰滔滔者天下皆是也而誰以易之且而與其從辟人之士也豈若從辟世之士哉耰而不輟（滔吐刀切 耰音憂）子路行以告夫子憮然曰鳥獸不可與同羣吾非

斯人之徒與而誰與天下有道丘不與易也憮音武○子路從而後遇丈人以杖荷蓧子路問曰子見夫子乎丈人曰四體不勤五穀不分孰為夫子植其杖而芸蓧徒弔切植音值子路拱而立止子路宿殺雞為黍而食之見其二子焉食音嗣見賢遍切明日子路行以告子曰隱者也使子路反見之至則行矣

子路曰不仕無義長幼之節不可廢也君臣之義如之何其廢之欲潔其身而亂大倫君子之仕也行其義也道之不行已知之矣○逸民伯夷叔齊虞仲夷逸朱張柳下惠少連子曰不降其志不辱其身伯夷叔齊與謂柳下惠少連降志辱身矣言中倫行中慮其斯而已矣謂虞仲夷逸隱居

放言身中清廢中權我則異於是無
可無不可○大師摯適齊大泰亞飯干
適楚三飯繚適蔡四飯缺適秦飯扶晚切
繚音了鼓方叔入於河播鼗武入於漢
鼗徒刀切少師陽擊磬襄入於海○周公
謂魯公曰君子不施其親不使大臣
怨乎不以故舊無大故則不棄也無
求備於一人○周有八士伯達伯适

仲突仲忽叔夜叔夏季隨季騧騧烏瓜切

子張第十九　凡二十五章

子張曰士見危致命見得思義祭思
敬喪思哀其可已矣○子張曰執德
不弘信道不篤焉能爲有焉能爲亡
音無○子夏之門人問交於子張子張
曰子夏云何對曰子夏曰可者與之
其不可者拒之子張曰異乎吾所聞

君子尊賢而容衆嘉善而矜不能我之大賢與於人何所不容我之不賢與人将拒我如之何其拒人也○子夏曰雖小道必有可觀者焉致遠恐泥是以君子不爲也○子夏曰日知其所亡月無忘其所能可謂好學也已矣○子夏曰博學而篤志切問而近思仁在其中矣○子夏曰百工居肆以成其事君子學以致其道○子夏曰小人之過也必文○子夏曰君子有三變望之儼然即之也温聽其言也厲○子夏曰君子信而後勞其民未信則以爲厲己也信而後諫未信則以爲謗己也○子夏曰大德不踰閑小德出入可也○子游曰子夏之門人小子當洒掃應對進退則可

矣抑末也本之則無如之何子夏聞
之曰噫言游過矣君子之道孰先傳
焉孰後倦焉譬諸草木區以別矣君
子之道焉可誣也有始有卒者其惟
聖人乎○子夏曰仕而優則學學而
優則仕○子游曰喪致乎哀而止○
子游曰吾友張也為難能也然而未
仁○曾子曰堂堂乎張也難與並為

仁矣○曾子曰吾聞諸夫子人未有
自致者也必也親喪乎○曾子曰吾
聞諸夫子孟莊子之孝也其他可能
也其不改父之臣與父之政是難能
也○孟氏使陽膚為士師問於曾子
曾子曰上失其道民散久矣如得其
情則哀矜而勿喜○子貢曰紂之不
善不如是之甚也是以君子惡居下

流天下之惡皆歸焉○子貢曰君子之過也如日月之食焉過也人皆見之更也人皆仰之○衛公孫朝潮問於子貢曰仲尼焉學子貢曰文武之道未墜於地在人賢者識志其大者不賢者識其小者莫不有文武之道焉夫子焉不學而亦何常師之有○叔孫武叔語大夫於朝潮曰子貢賢

於仲尼子服景伯以告子貢子貢曰譬之宮墻賜之墻也及肩窺見室家之好夫子之墻數仞不得其門而入不見宗廟之美百官之富得其門者或寡矣夫子之云不亦宜乎○叔孫武叔毀仲尼子貢曰無以為也仲尼不可毀也他人之賢者丘陵也猶可踰也仲尼日月也無得而踰焉人雖

欲自絶其何傷於日月乎多見其不知量也○陳子禽謂子貢曰子為恭也仲尼豈賢於子乎子貢曰君子一言以為知一言以為不知言不可不慎也夫子之不可及也猶天之不可階而升也夫子之得邦家者所謂立之斯立道之斯行綏之斯來動之斯和其生也榮其死也哀如之何其可及也

堯曰第二十 凡三章

堯曰咨爾舜天之曆數在爾躬允執其中四海困窮天祿永終舜亦以命禹曰予小子履敢用玄牡敢昭告于皇皇后帝有罪不敢赦帝臣不蔽簡在帝心朕躬有罪無以萬方萬方有罪罪在朕躬周有大賚來代切善人是

富雖有周親不如仁人百姓有過在予一人謹權量審法度修廢官四方之政行焉興滅國繼絶世舉逸民天下之民歸心焉所重民食喪祭寛則得衆信則民任焉敏則有功公則説
悦
○子張問於孔子曰何如斯可以從政矣子曰尊五美屛四惡斯可以從政矣子張曰何謂五美子曰君子

惠而不費勞而不怨欲而不貪泰而不驕威而不猛子張曰何謂惠而不費子曰因民之所利而利之斯不亦惠而不費乎擇可勞而勞之又誰怨欲仁而得仁又焉貪君子無衆寡無小大無敢慢斯不亦泰而不驕乎君子正其衣冠尊其瞻視儼然人望而畏之斯不亦威而不猛乎子張曰何

謂四惡。子曰。不教而殺謂之虐。不戒視成謂之暴。慢令致期謂之賊。猶之與人也。出納之吝。謂之有司。○子曰。不知命。無以爲君子也。不知禮。無以立也。不知言。無以知人也。

論語卷之下終